Maria Angela Apicella • Dominique Guillemant

Léo et Théo 1

PRÉPARATION À L'EXAMEN DU DELF PRIM A1.1

Cahier d'activités

Mon cahier de français

Prénom ....
Nom ....
Classe ....
École ....
Année scolaire ....

Unité 0 — Bienvenue !

Tu parles déjà français !

1 Tout au long de l'année, dessine et écris les mots français que tu connais.

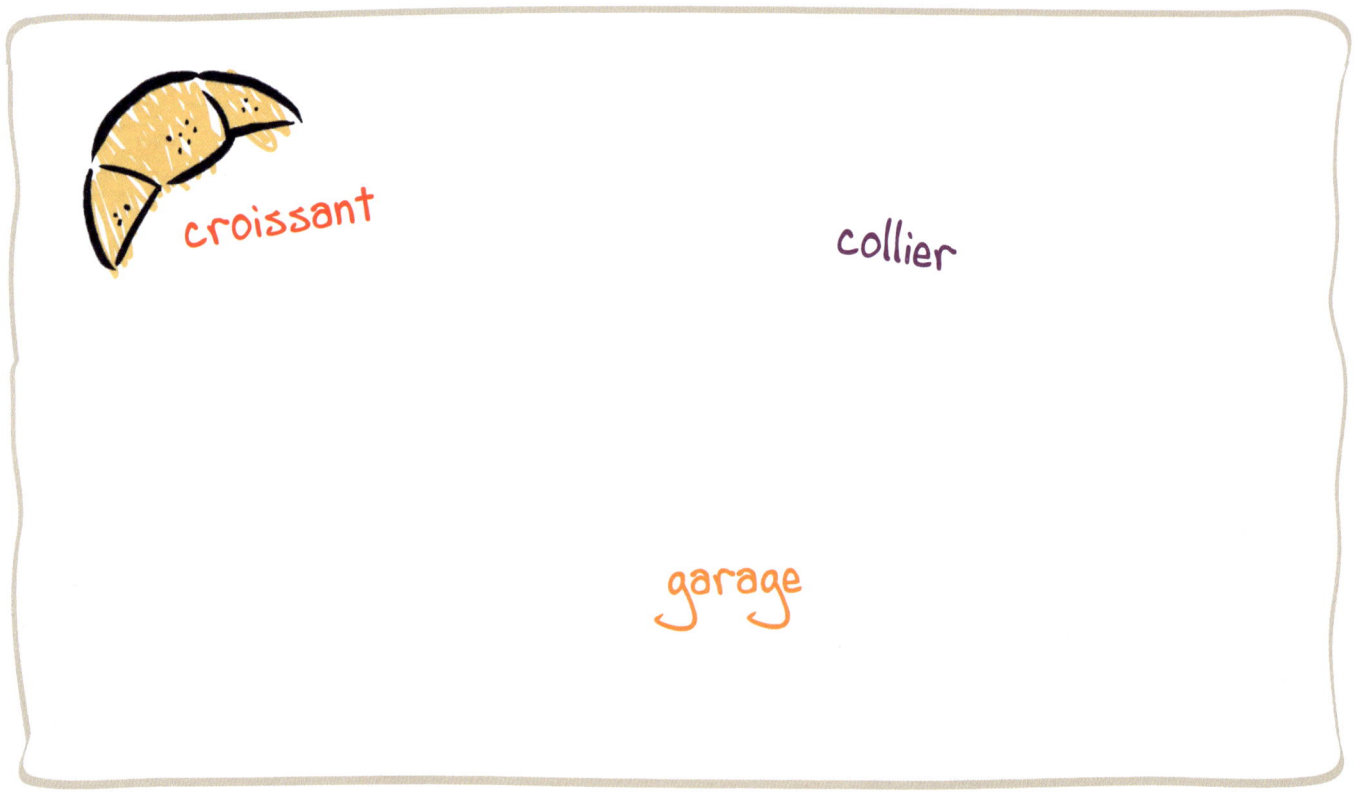

2 Retrouve les mots cachés.

3 🔊 Écoute et coche quand tu entends un mot français.

1 ☐   2 ☐   3 ☐   4 ☐   5 ☐   6 ☐

Que fais-tu à l'école ?

4 🔊 Écoute et écris le numéro. **DELF**

A ○ B ○ C ○
D ○ E ○ F ○
G ○ H ○ I ○
J ○ K ○ L ○

trois 3

Bienvenue !

L'alphabet

5 L'alphabet à trous. Complète.

6 Écris les prénoms dans l'ordre alphabétique.

> Benjamin • Nicolas • Valérie • Gisèle • David • ~~Albert~~ • Zoé
> Isabelle • Lucile • Rose • Xavier • Fabienne • Caroline • Emile
> Henri • Jule • Marie • Patricia • Thomas • Quentin • Simon
> Yvonne • Olivier • Walter • Kim • Ulysse

Albert, _____

_____

_____

7 ✓ Suis les lettres de l'alphabet pour aider le taxi à trouver la tour Eiffel.

A	B	K	H	Q	T	B
V	C	F	G	H	C	R
K	D	E	L	I	J	K
A	X	D	O	N	M	L
P	Y	G	P	U	S	Z
R	S	R	Q	B	W	T
F	T	U	V	W	N	J
M	R	E	O	X	Y	Z

4 quatre

8 Écris les lettres qui précèdent et qui suivent.

1    4

2    5

3    6

9 Colorie les espaces qui contiennent les voyelles. Quel monument parisien apparaît ?

_____
_____
_____

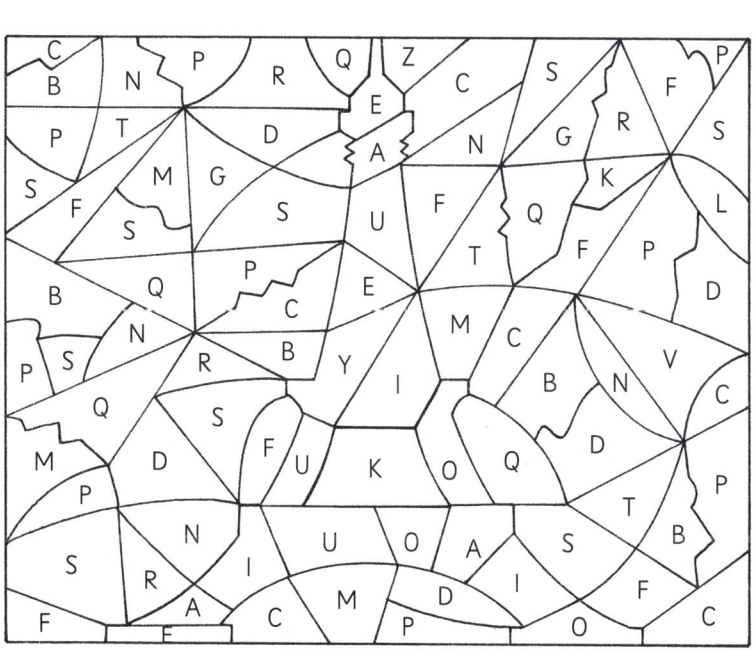

10 Écoute et écris les lettres que tu entends.

A P _ _ _ _ _ S
LE F _ _ _ Ç _ _ _
_ _ _ C
N _ _ _ !

Unité 1 — Salut, les amis !

1 🔊 ✓ Écoute et complète.

c'est — C'est moi — Salut — Je m'appelle — Et moi — Je m'appelle

1. _____ Léo !
2. Et moi, _____ Théo ! Voilà mon ami Hector !
3. _____ Lin !
4. _____ ! Je m'appelle Ahmed !
5. _____, Isabelle !
6. _____, les amis !

2 Dessine-toi ou colle ta photo.

Je m'appelle _____.

C'EST MOI !

3 Présente tes amis.

C'EST _____.

C'EST _____.

sept

1 Salut, les amis !

Comment tu t'appelles ?

4 Observe et complète.

je   tu   il   elle

1 _____   2 _____   3 _____   4 _____

5 ✓ Observe et complète. *Il* ou *elle* ?

1 ____ s'appelle Léo.   2 ____ s'appelle Théo.   3 ____ s'appelle Isabelle.

4 ____ s'appelle Lin.   5 ____ s'appelle Ahmed.   6 ____ s'appelle Hector.

6 Complète.

7 ✓ Lis et coche la bonne réponse.

1 Comment tu t'appelles ?
   A ◯ Elle s'appelle Lucie.
   B ◯ Je m'appelle Lucie.

2 Comment il s'appelle ?
   A ◯ Il s'appelle Christian.
   B ◯ Je m'appelle Christian.

3 Tu t'appelles Pierre ?
   A ◯ Non. Il s'appelle Paul.
   B ◯ Non. Je m'appelle Paul.

4 Elle s'appelle Emma ?
   A ◯ Oui. Elle s'appelle Emma.
   B ◯ Oui. Tu t'appelles Emma.

Les salutations

8 ✓ Recompose et écris les salutations.

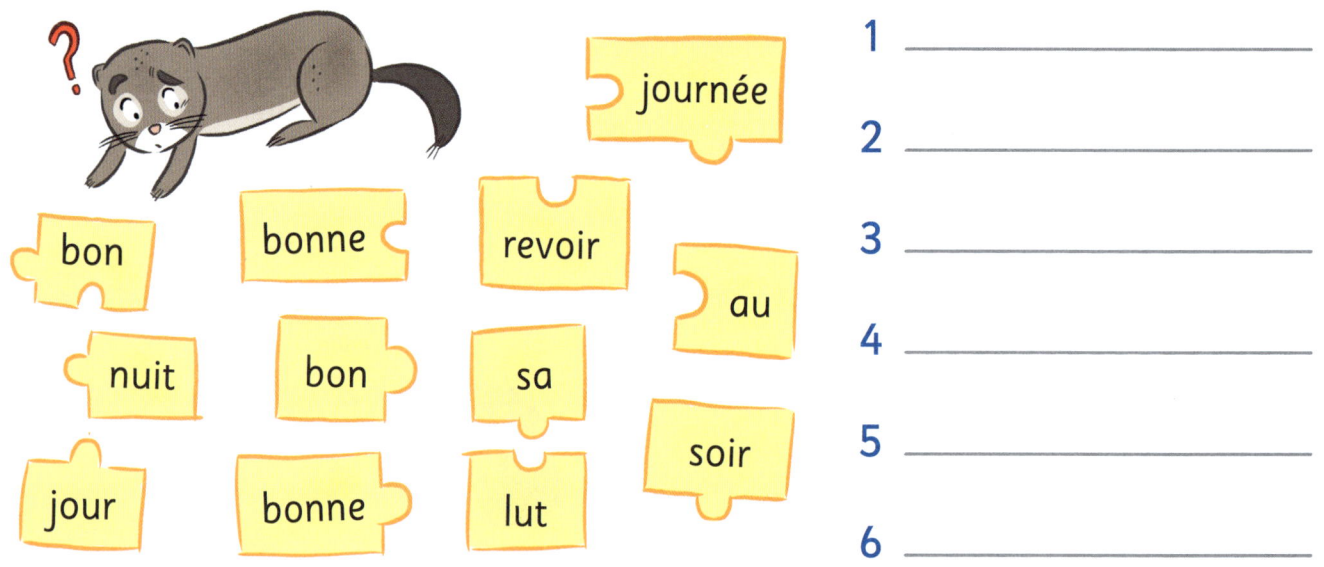

journée / bon / bonne / revoir / au / nuit / bon / sa / soir / jour / bonne / lut

1 _____
2 _____
3 _____
4 _____
5 _____
6 _____

9 Complète avec les salutations.

Au revoir   Bonjour   Bonne nuit   Bonsoir

1 _____, Isabelle !

2 _____, Léo !

3 _____, Madame !

4 _____, Théo !

10 dix

Comment ça va ?

10 Lis et dessine la bonne image.

Ça va !    Ça ne va pas...

Comme ci, comme ça...    Ça va très bien !

Super !    Ça va très mal...

11  Écoute et colorie la bonne image.

1      2      3

1 Salut, les amis !

12 🔊 Écoute, observe et écris le numéro. **DELF**

A ⬜  B ⬜

C ⬜  D ⬜

13 🔊 Mets les mots dans le bon ordre, puis écoute et vérifie.

1 tu • Comment • t'appelles • ?

_____

m'appelle • Je • toi • Marie, • et • ?

_____

2 va • ça • Comment • ?

_____

ci, • Comme • ça • comme • !

_____

3 comment • va • Salut, • ça • ?

_____

merci • bien, • Très • !

_____

Mes compétences

14 🔊 ✓ Lis et complète, puis écoute et vérifie.

> Bonsoir • t'appelles • Ça va bien • m'appelle
> ça va • les enfants • s'appelle

1. Bonjour, mademoiselle ! Comment _____ ?
   — Bonjour, Luc. _____, merci.

2. Salut ! Comment tu _____ ?
   — Je _____ Marc.

3. Il _____ Michel.

4. _____, monsieur !
   — Bonsoir, _____ !

 Je sais dire comment je m'appelle.

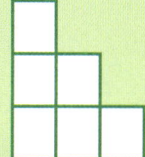 Je sais saluer.

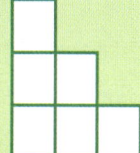 Je sais dire et demander comment ça va.

★ Je sais le faire.
★ Je dois m'entraîner encore un peu.
★ Je ne sais pas encore le faire, mais je vais apprendre.

Unité 2 — Voici ma famille !

1 ✓ Observe et associe.

1. Hector le furet, c'est notre animal domestique !
2. Lui, c'est mon frère Théo : il a neuf ans comme moi.
3. Maman s'appelle Christine et papa s'appelle Jean.
4. Ma petite sœur s'appelle Sophie ! Elle a quatre ans.
5. Et voici mes grands-parents ! Mamie s'appelle Amélie et papy Jacques.

A ◯
B ◯
C ◯
D ◯
E ◯

2 Complète.

1 La maman s'appelle _____.

2 Le papa s'appelle _____.

3 La petite sœur s'appelle _____.

4 La mamie s'appelle _____.

5 Le papy s'appelle _____.

6 L'animal domestique s'appelle _____.

14 quatorze

Ma famille

3 ✓ **Observe et complète.**

- MON P _ _ E
- MA M _ _ E
- MON G _ _ _ _ _ - P _ _ E
- MA G _ _ _ _ - M _ _ E
- MON F _ _ _ E
- MA SŒ _ _

4 Vrai ou faux ?

1. Léo est le père de Sophie.
2. Sophie est la sœur de Théo.
3. Amélie est la grand-mère de Léo.
4. Jean est le frère de Sophie.
5. Christine est la mère de Léo, Théo et Sophie.

V   F

quinze 15

2 Voici ma famille !

Les adjectifs possessifs

mon ton son	frère	ma ta sa	sœur
mes tes ses		parents	

Ma famille est fantastique !

5 🔊 ✓ **Complète avec les adjectifs possessifs, puis écoute et vérifie.**

1
_____ frère s'appelle Léo et _____ petite sœur s'appelle Sophie.

2
Comment s'appelle _____ frère ?

3
_____ frères s'appellent Léo et Théo.

4
Comment s'appellent _____ grands-parents ?

6 Et toi ? Complète.

1 _____ mère s'appelle _____ et _____ père s'appelle _____.

2 _____ grands-parents s'appellent _____.

16 seize

Les nombres de 0 à 12

7 ✓ **Observe et écris le numéro.**

cinq • zéro • onze • trois • huit • un • douze
six • deux • neuf • quatre • sept • dix

zéro

8 Écris les lettres qui manquent et associe.

Z É R O
_ N _ _
_ _ U _
D _ U _
T _ _ I _
_ U _ _ R _
_ I _ _
_ S _ _
_ E P _
_ U I _
N _ _ F
D _ X
_ N _ E
_ O _ Z _

dix-sept 17

2 Voici ma famille !

9 Compte et colorie les bonbons.

A
5 + 4 = _neuf_

B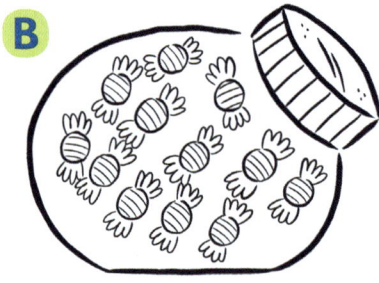
2 + 5 = _____

C
12 - 8 = _____

D
3 + 7 = _____

E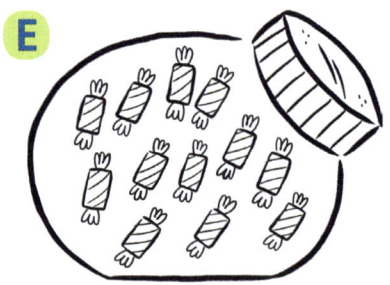
1 + 5 - 6 = _____

F
11 - 9 = _____

G
4 + 3 + 1 = _____

H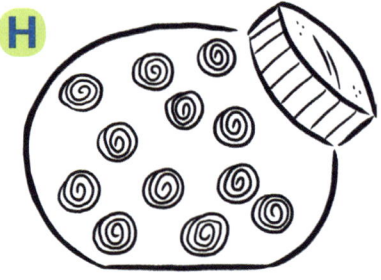
5 + 6 = _____

10 **Complète les séries.**

1 deux   _quatre_   six   _____   _____   douze

2 _____   neuf   _____   trois   zéro

3 un   _____   cinq   sept   _____   onze

Quel âge as-tu ?

11  Écoute et complète les fiches.

Le verbe *avoir*

J'ai 9 ans.   Il a 11 ans.
Tu as 10 ans.   Elle a 12 ans.

PRÉNOM   Marie
ÂGE   5

PRÉNOM   Isra
ÂGE   ___

PRÉNOM   Alain
ÂGE   ___

PRÉNOM   Salah
ÂGE   ___

PRÉNOM   Anne
ÂGE   ___

PRÉNOM   Kimi
ÂGE   ___

12 Réponds.

1 Quel âge a Marie ?   *Marie a cinq ans.*
2 Quel âge a Isra ?   _____
3 Quel âge a Alain ?   _____
4 Quel âge a Salah ?   _____
5 Quel âge a Anne ?   _____
6 Quel âge a Kimi ?   _____

2 Voici ma famille !

Les animaux domestiques

13 Est-ce que tu les reconnais ? Observe et écris.

chat • hamster • poisson rouge • chien • furet • tortue

 1   2   3   4   5   6

_____ _____ _____ _____ _____ _____

14 Écoute et associe.

David   Sylvie   Martin   Cécile   Nicolas   Julie

tortue   chien   poisson rouge   chat   hamster   furet

15 Écris.

1 David a _un chien_ .
2 Sylvie a _____ .
3 Martin a _____ .
4 Cécile a _____ .
5 Nicolas a _____ .
6 Julie a _____ .

Les articles indéfinis

| un furet | une tortue |

Mes compétences

16 ✓ **Complète la lettre de Julian.**

Salut Marie,
Ça va ?
Voici une photo de ma _famille_ !
_____ s'appelle Marc et _____ s'appelle Agnès.
Et mes _____ s'appellent Vincent et Inès.
Mon _____ s'appelle Dany, il a cinq ans.
Ah, il y a aussi _____, notre chien ! Il est très beau !
Au revoir !

Julian

Je sais nommer les membres de la famille.

Je sais compter de 0 à 12.

Je sais dire mon âge.

Je sais nommer les animaux domestiques.

★ Je sais le faire.
★ Je dois m'entraîner encore un peu.
★ Je ne sais pas encore le faire, mais je vais apprendre.

vingt et un 21

Unité 3 — Tous à l'école !

1 ✓ **Qui trouve quoi ? Associe.**

stylo rouge • trousse • taille-crayon
ciseaux • feutre jaune
crayons de couleur • gomme
stylo bleu

2 Complète les phrases.

1 Isabelle trouve _une gomme et…_____.

2 Ahmed trouve _____.

3 Lin trouve _____.

4 Léo trouve _____.

vingt-deux

Les objets scolaires

3 Retrouve les mots dans la grille.

cahier
livre
stylo
feutre
~~crayon~~
taille-crayon
colle
cartable
gomme
trousse
règle
ciseaux

C	A	R	T	A	B	L	E	Y	K	M	R
F	C	U	R	R	E	S	T	Y	L	O	È
C	O	W	O	C	R	A	Y	O	N	T	G
A	L	Z	U	C	I	S	E	A	U	X	L
H	L	X	S	T	G	K	F	S	R	J	E
I	E	N	S	K	O	L	L	I	V	R	E
E	P	U	E	J	M	F	E	U	T	R	E
R	Q	S	D	H	M	S	U	M	A	X	M
T	A	I	L	L	E	C	R	A	Y	O	N

4  Il y a combien d'objets ? Écoute et écris le nombre.

Singulier	Pluriel
stylo	stylo**s**

GRAMMAIRE

Dans mon cartable, il y a…

(4)

quatre livres

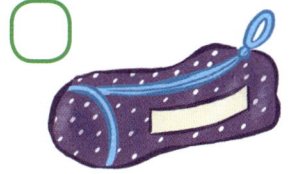 _____

 _____

 _____

 _____

 _____

 _____

 _____

5 Écris comme dans l'exemple.

3 Tous à l'école !

6 Complète avec les articles définis.

Les articles défínis

| le poisson
l'ordinateur | les chiens |
| la tortue
l'école | les gommes |

1 _le_ cahier
2 _____ livre
3 _____ stylos
4 _____ feutre
5 _____ crayon
6 _____ crayons de couleur
7 _____ règle
8 _____ colle
9 _____ cartable
10 _____ alphabet
11 _____ trousse
12 _____ taille-crayon
13 _____ ciseaux
14 _____ amie
15 _____ gomme
16 _____ parents
17 _____ furet

7 C'est un, c'est une ou ce sont des ? Écris.

C'est un	C'est une
crayon.	gomme.
Ce sont des cartables.	

1 _C'est une gomme._

2 _____

3 _____

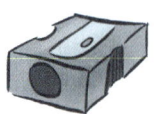
4 _____

5 _____

6 _____

7 _____

8 _____

9 _____

10 _____

8 ***C'est* ou *Ce n'est pas* ? Réponds.**

| C'est un crayon. | Ce n'est pas un crayon. |
| Ce sont des ciseaux. | Ce ne sont pas des ciseaux. |

1 C'est un taille-crayon ?
Oui, c'est un taille-crayon.

2 C'est un livre ?
Non, ce n'est pas un livre. C'est un crayon.

3 C'est un stylo ?

4 C'est une trousse ?

5 Ce sont des feutres ?

6 C'est une règle ?

9 🔊 **Associe les questions aux réponses, puis écoute et vérifie.**

1 C'est un livre ?   A C'est un livre.
2 Qu'est-ce que c'est ?   B Non, c'est un cahier.
3 Combien de crayons as-tu ?   C Il est dans ma trousse.
4 Où est ton stylo ?   D J'ai douze crayons.

vingt-cinq

Les couleurs

10 Lis et colorie.

- blanc
- noir
- gris
- marron
- jaune
- orange
- violet
- rose
- rouge
- vert
- bleu

11 🔊 ✓ Écoute et entoure le bon dessin. **DELF**

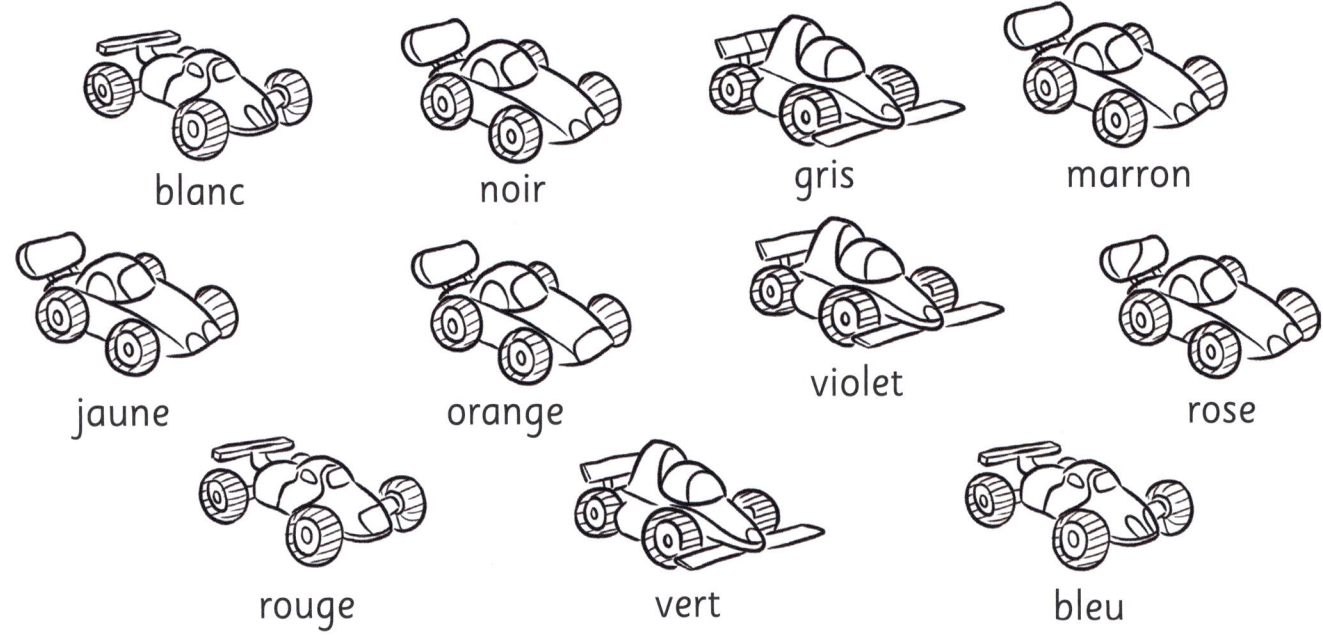

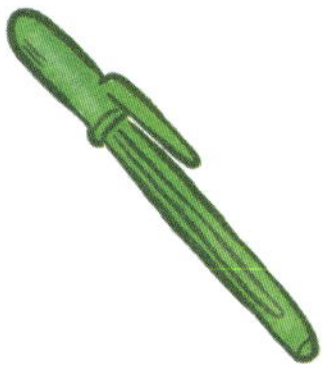

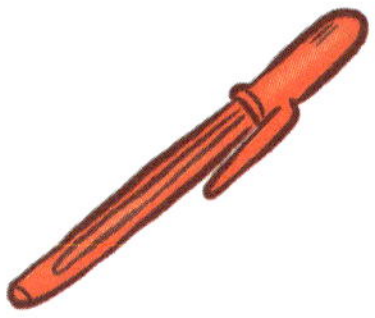

12 Décode et écris les phrases.

Le stylo est vert.	La gomme est verte.
Le taille-crayon est gris.	La règle est grise.
Le feutre est violet.	La trousse est violette.
Le crayon est blanc.	La craie est blanche.

1 b l a n c h e   La gomme est blanche.

2 r o u g e   Le crayon est rouge.

3 g r i s   Le taille-crayon est gris.

4 v e r t   Le livre est vert.

5 v i o l e t t e   La trousse est violette.

3 Tous à l'école !

Dans la salle de classe

13 Complète les mots croisés.

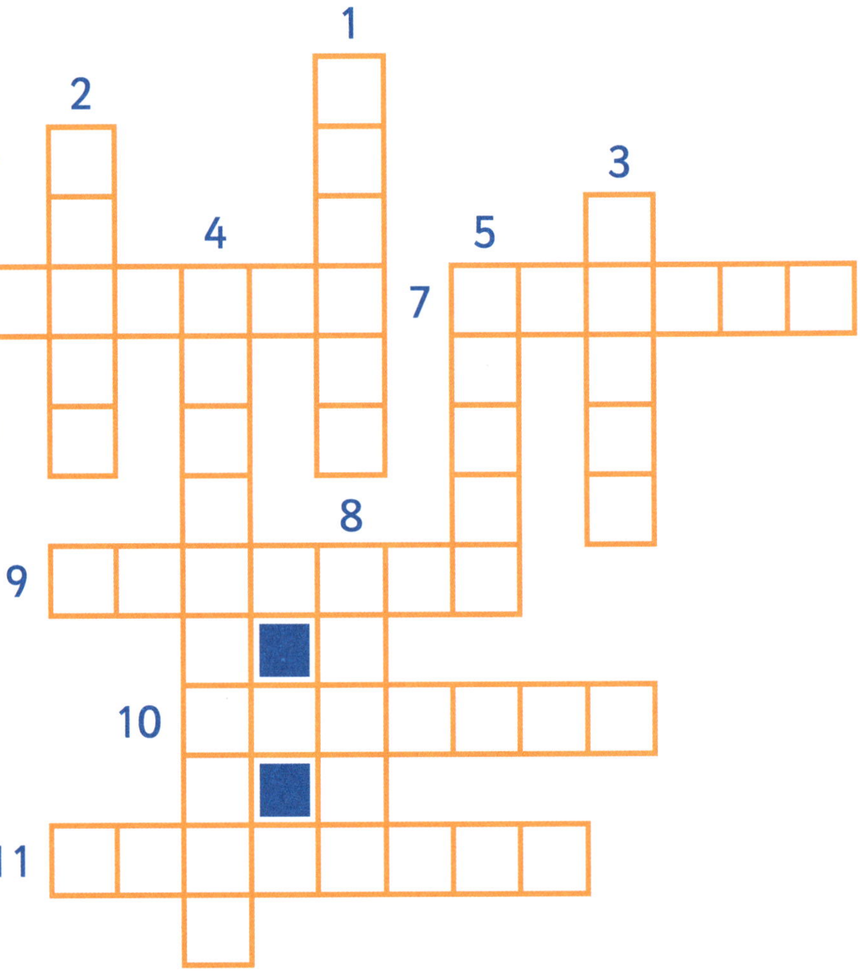

14 Observe et complète.

dans • sur • sous • devant • derrière

Le fille est _____ deux garçons. _____ sa table il y a des cahiers et un livre. Le livre est _____ les cahiers. Des crayons de couleur sont _____ un porte-crayons. Le porte-crayons est _____ le livre.

Mes compétences

15 ✓ Observe et complète.

1. Le stylo est _____ la trousse.
2. La gomme est _____ le cahier.
3. Le livre est _____ la trousse.
4. La chaise est _____ la table.
5. La colle est _____ la trousse.
6. Les feutres sont _____ la table.
7. Les ciseaux sont _____ la trousse.
8. Le cartable est _____ la table.

16 🔊 Écoute et colorie selon les indications.

 Je comprends le vocabulaire de l'école.

 Je connais les couleurs.

 Je sais situer un objet.

★ Je sais le faire.
★ Je dois m'entraîner encore un peu.
★ Je ne sais pas encore le faire, mais je vais apprendre.

vingt-neuf 29

Unité 4 — Anniversaire tropical !

1 Complète la carte d'invitation d'Ahmed.

Mots : moi, ans, t'invite, décembre, anniversaire, toi, fêter, t'attends

ALOHA !!!

Pour mes 9 _____, je _____ à _____, mon _____ en style tropical ! Je _____ le 18 _____ chez _____. Je compte sur _____ !

Ahmed

2 Écoute et complète.

J _ Y _ _ X
A _ _ _ _ V _ _ S _ _ _ _ E
AHMED !

Les 12 mois

3 Recompose les noms des mois, puis écris.

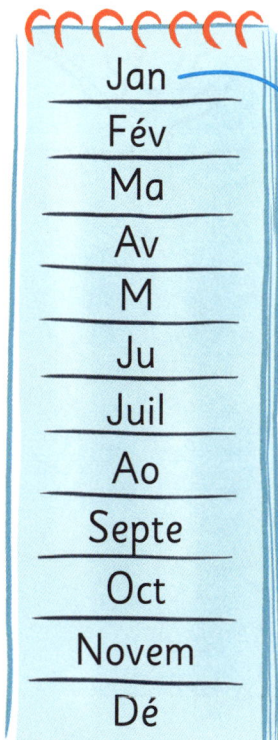
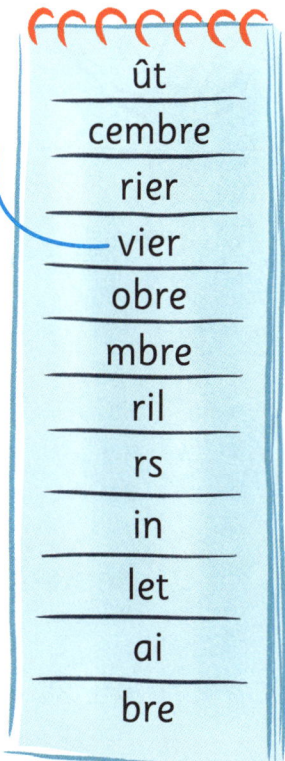

Jan	ût
Fév	cembre
Ma	rier
Av	vier
M	obre
Ju	mbre
Juil	ril
Ao	rs
Septe	in
Oct	let
Novem	ai
Dé	bre

Je suis née en mai.

Je suis né en décembre.

Nous sommes nés en février.

1 *Janvier* 2 _____ 3 _____ 4 _____
5 _____ 6 _____ 7 _____ 8 _____
9 _____ 10 _____ 11 _____ 12 _____

4  Écoute et complète.

1 Je suis née en _____.
2 Je suis né en _____.
3 _____.
4 _____.

trente et un

4 Anniversaire tropical !

Les 4 saisons

5 Complète les dessins et colorie selon la saison.

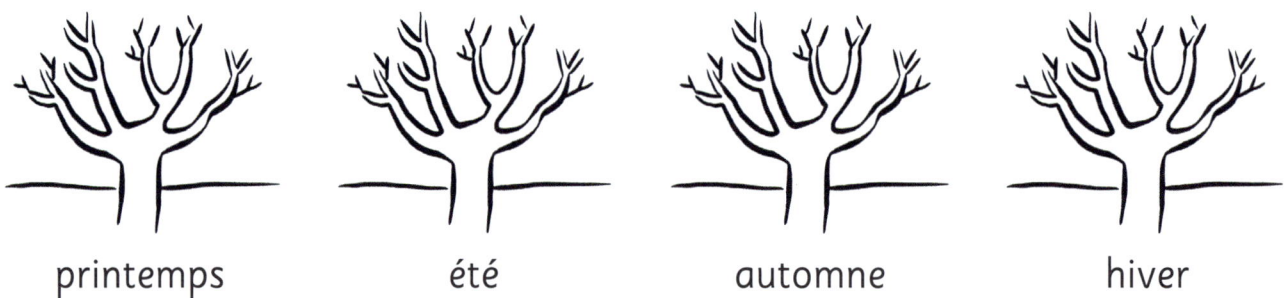

printemps   été   automne   hiver

6 ✓ C'est quelle saison ? Écris.

du 21 mars au 20 juin

du 21 juin au 22 septembre

du 23 septembre au 20 décembre

du 21 décembre au 20 mars

7 Retrouve les mots des mois et des saisons dans la grille.

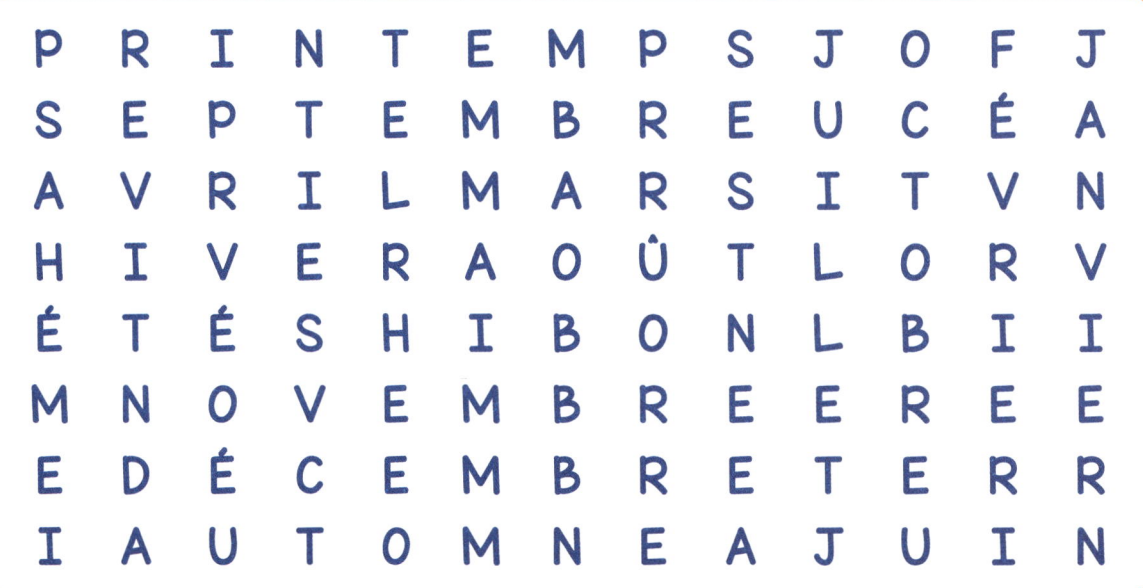

32 trente-deux

Les nombres de 13 à 31

8 ✓ **Pairs** ou **impairs** ? Écris les nombres à la bonne place.

> un • quatre • cinq • huit • neuf • onze • douze • treize • quatorze
> quinze • seize • dix-sept • vingt • vingt et un • vingt-deux
> vingt-trois • vingt-six • vingt-huit • trente • trente-et-un

PAIRS

quatre,

IMPAIRS

un,

9 🔊 Écoute et associe les points dans l'ordre que tu entends.

trente-trois

4 Anniversaire tropical !

C'est quand ton anniversaire ?

10 Tu as quel âge ? Colorie ton gâteau d'anniversaire et dessine les bougies.

J'ai _____ ans.

C'est quand ton anniversaire ?
Mon anniversaire est le 11 Avril !

Tu as quel âge ?
J'ai dix ans.

11 Lis et écris l'âge de chaque personnage.

Je m'appelle Isabelle et j'ai neuf ans. Mon anniversaire est le 20 Avril. Mon ami Ahmed a neuf ans comme moi et comme mon amie Lin. Léo a déjà dix ans comme Théo et la petite Sophie a quatre ans !

1 Ahmed a _____. 3 Théo a _____.
2 Lin a _____. 4 Sophie a _____.

12 🔊 ✓ Écoute et complète.

MARIE : J'ai ____ ans. Mon anniversaire est le _____.

LUC : J'ai ____ ans. Mon anniversaire est le _____.

JULIETTE : J'ai ____ ans. Mon anniversaire est le _____.

La fête d'anniversaire

13 Complète les mots croisés.

4 Anniversaire tropical !

14 ✓ C'est la fête d'anniversaire d'Adèle. Entoure les 4 éléments de la liste qu'Adèle doit acheter pour la fête. DELF

Acheter :
✓ l'orangeade
✓ les bonbons
✓ le jus de fruits
✓ le gâteau

 1
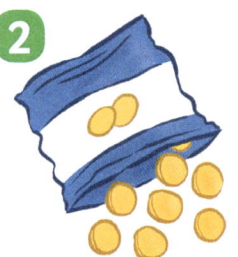 2
 3
 4
 5
 6
 7
 8

15 ✓ Observe et écris.

chanter • danser • souffler les bougies • ouvrir les cadeaux
décorer la maison • manger le gâteau

1 _____ 2 _____ 3 _____

4 _____ 5 _____ 6 _____

Mes compétences

16 🔊 ✓ Écoute et entoure le bon dessin. **DELF**

1 A  B  C

2 A  B  C

3 A  B  C

4 A  B  C

 Je connais les noms des mois et des saisons.

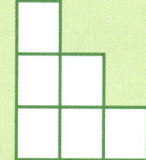 Je sais compter jusqu'à 31.

 Je sais parler de l'anniversaire.

✶ Je sais le faire.
✶ Je dois m'entraîner encore un peu.
✶ Je ne sais pas encore le faire, mais je vais apprendre.

trente-sept

Unité 5 — Après-midi au parc

Au téléphone

1 🔊 ✓ **Complète les phrases, puis écoute et vérifie.**

À tout à l'heure ! • Bonjour • Allô ? • on va goûter au parc

_____ C'est Lin !

_____, Lin. C'est Léo. Comment vas-tu ?

Ça va, merci ! Dis, _____ _____ cet après-midi ?

Oui, d'accord ! C'est une bonne idée ! _____

Quelle heure est-il ?

2 Lis, observe et associe.

> **Quelle heure est-il ?**
> Il est huit heures. Il est midi / minuit.
> Il est dix heures et demie. Il est midi et demi.

Il est deux heures et demie.

1  **2**

Il est neuf heures.

Il est trois heures.

3  **4**

Il est midi et demi.

Il est sept heures et demie.

5  **6**

Il est minuit.

Il est cinq heures et demie.

7  **8**

Il est dix heures.

Il est quatre heures et demie.

9  **10**

Il est une heure.

5 Après-midi au parc

3 🔊 Écoute, observe et écris le numéro. **DELF**

A ○

B ○

C ○

D ○

4 ✓ Quelle heure est-il ? Écris.

1 *Il est huit heures.* 2 _____ 3 _____ 4 _____

5 _____ 6 _____ 7 _____ 8 _____

quarante

Les jours de la semaine

5 Retrouve les jours de la semaine dans la grille. Avec les lettres restantes, trouve le message d'Hector !

E	N	F	I	L	N	C	E
S	T	J	E	U	D	I	I
D	I	M	A	N	C	H	E
S	A	M	E	D	I	M	A
M	A	R	D	I	N	C	H
M	E	R	C	R	E	D	I
V	E	N	D	R	E	D	I

_ _ _ _ _ _ , _ _ _ _
D _ _ _ _ _ _ _ E !

6 Colorie les jours où tu vas à l'école.

jeudi   dimanche   samedi   vendredi

lundi   mardi   mercredi

7 Complète.

HIER	AUJOURD'HUI	DEMAIN
mardi	_____	jeudi
_____	_____	vendredi
dimanche	_____	_____
samedi	_____	_____

quarante et un 41

5 Après-midi au parc

L'emploi du temps

8 Observe et associe.

1. ☐ Sport
2. ☐ Anglais
3. ☐ Maths
4. ☐ Éducation civique
5. ☐ Sciences
6. ☐ Arts plastiques
7. ☐ Géographie
8. ☐ Français
9. ☐ Histoire
10. ☐ Musique
11. ☐ Informatique

9 ✓ Lis et complète.

Salut !
Je m'appelle David. Voici mon emploi du temps du matin !
Le lundi, j'ai Français, Histoire et Musique.
Le mardi, j'ai deux heures de Maths et Anglais.
Le mercredi, je n'ai pas école. Le jeudi, j'ai Sciences et deux heures d'Arts plastiques.
Le vendredi, j'ai Français, Géographie et Éducation civique.

	lundi	_____	_____	**jeudi**	_____
9h00	_Français_	Maths		Sciences	_____
10h00	_____			_____	Géographie
11h00	_____			_____	

42 quarante-deux

La routine

10 **Associe.**

1 Le matin
2 À midi
3 L'après-midi
4 Le soir
5 La nuit

Je vais me coucher.
Je déjeune.
Je fais mes devoirs.
Je vais à l'école.
Je dîne.

11 ✓ **Complète les phrases.**

après-midi • heure • matin • neuf heures • je déjeune • lundi

1 Le _____ je vais à l'école.
2 Il est _____.
3 À midi _____.
4 L'_____ je vais au parc.
5 Aujourd'hui c'est _____.
6 Quelle _____ est-il ?

12 **Mets les mots dans le bon ordre.**

1 parc • Il • cinq • vais • est • je heures, • au
_____
_____

2 je • coucher • Il • minuit, • est vais • me
_____

3 manger • Il • vais • est • je • midi,
_____

4 à la fête • tu • À quatre heures • d'anniversaire • vas
_____

Le verbe *aller*

Je vais à l'école.
Tu vas à l'école.
Il va à l'école.
Elle va à l'école.

quarante-trois

5 Après-midi au parc

13 Ton emploi du temps : complète et écris ce que tu fais dans la semaine.

> je vais à l'école • je fais mes devoirs • je joue • je fais du sport
> je regarde la télé • je vais au parc

	MATIN	APRÈS-MIDI
lundi		
mardi		
mercredi		
jeudi		
vendredi		
samedi		
dimanche		

14 Complète les phrases.

1 Le lundi après-midi, _____.

2 Le mardi matin, _____.

3 Le mercredi matin, _____.

4 Le jeudi après-midi, _____.

5 Le vendredi matin, _____.

6 Le samedi matin, _____.

7 Le dimanche après-midi, _____.

Mes compétences

15 ✓ **Complète le texte d'Isabelle.** DELF

Voici ma journée :
je me lève à 🕖 _sept heures_
et je prends mon ☕🥐 _____.
À huit heures, je vais à l' 🛝 _____.
Je 🍽️ _____ à la cantine à midi et demi.
À 🕔 _____, je fais mes 📚✏️ _____
et après je 🏐 _____ avec mes amis.
Le soir, je 🍲 _____ et avant de me 😴
_____, je lis un 📖 _____.

16 Réponds aux questions.

1 À quelle heure se lève Isabelle ? _____
2 Où va Isabelle à huit heures ? _____
3 Que fait Isabelle à cinq heures ? _____
4 À quelle heure Isabelle déjeune ? _____
5 Que fait Isabelle avant
  de se coucher ? Elle lit _____

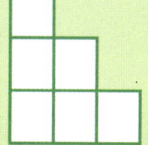 Je sais demander et dire l'heure.
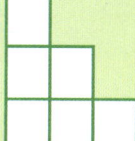 Je connais les jours de la semaine.
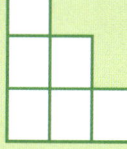 Je sais décrire mon emploi du temps.

✱ Je sais le faire.
 ✱ Je dois m'entraîner encore un peu.
  ✱ Je ne sais pas encore le faire, mais je vais apprendre.

quarante-cinq 45

Bonnes vacances !

1 🔊 ✓ Où ils vont en vacances ? Écoute et écris les prénoms des personnages dans les photos.

1 _____
2 _____ 
3 _____ 
4 _____  

2 Complète les phrases.

 campagne   lac   mer   montagne

1 Ahmed va _____.
2 Isabelle _____.
3 Lin _____.
4 Léo et Théo vont _____.

46 quarante-six

Quel temps fait-il ?

3 Observe et associe.

| Il fait beau ! | Il fait mauvais ! | Il fait chaud ! | Il fait froid ! |

A  B  C  D

4 ✓ Observe et complète.

| soleil | nuages | brouillard | neige | pleut | vent |

1 Il y a des _____.

2 Il y a du _____.

> **COMMUNICATION**
> **Quel temps fait-il ?**
> **Il fait** beau !
> **Il pleut.**
> **Il y a du** vent.

3 Il y a du _____.

4 Il y a du _____.

5 Il _____.

6 Il _____.

quarante-sept 47

6 Bonnes vacances !

5 Lis, dessine et colorie.

Il fait beau.
Il y a du soleil
et le ciel est bleu.

Il fait mauvais.
Le ciel est gris
et il pleut.

Il neige et tout
est blanc.

6 🎧 Écoute les messages et écris le numéro. **DELF**

A

B

C

D

7 🔊 ✓ **Écoute et complète.**

> il neige • nuages • hiver • il pleut • chaud • mauvais • beau
> froid • printemps

Les saisons en France

🍂 En automne il y a des _____ et il fait souvent _____.

❄️ En _____ il fait _____ et _____, surtout à la montagne.

🌼 Au _____ il fait beau mais _____ souvent.

☀️ En été il fait _____ et il fait _____.

8 Et chez toi ? Décris le temps selon les saisons dans ton pays.

Les saisons dans mon pays

Mon pays est _____

En automne _____.

En hiver _____.

Au printemps _____.

En été _____.

6 Bonnes vacances !

La météo

9 🔊 Écoute et associe.

LUNDI MARDI MERCREDI JEUDI VENDREDI SAMEDI DIMANCHE

1 2 3 4 5 6 7

10 ✓ Observe la carte et complète le bulletin météo.

Bonjour !
Voici les prévisions météo pour aujourd'hui.
_____ sur Paris ;
_____ à Strasbourg ;
à Brest _____.
À Marseille _____
et à Calais _____.
À Bordeaux _____ et à
Grenoble _____.

En vacances

11 Lis et complète.

> mes chaussures de marche • ma casquette • mes lunettes de soleil
> ma crème solaire • mon appareil photo • mon maillot de bain • mon pull
> mes tongs • mon short • mon anorak • mon t-shirt • ma gourde

Je vais au Maroc, à la mer.
Dans ma valise je mets _____,
_____, _____ et
_____ !

Je pars à la montagne.
Dans ma valise je mets _____,
_____, _____
et _____ !

Je vais à la campagne.
Dans ma valise je mets _____
_____, _____
et _____ !

6 — Bonnes vacances !

12 Associe et écris.

jouer au ballon   nager   visiter une ville   dormir   lire   me promener

1 _____

2 _____

3 _____

4 _____
5 _____
6 _____

13 Écris ce que tu aimes faire en vacances et ce que tu n'aimes pas faire.

Le verbe *aimer*

J'aime jouer avec mes amis.
Je n'aime pas dormir.

J'aime…

Je n'aime pas…

52 cinquante-deux

Mes compétences

14 Écris ta carte postale.

_____,
Je suis à Menton !
Aujourd'hui, il y a
_____
mais _____.
Maintenant je mets
_____
_____
et je vais à la _____.
J'aime _____ !

Grosses bises,
_____

Je connais les noms des paysages.

Je sais dire le temps qu'il fait.

Je sais parler des vacances.

 Je sais le faire.
 Je dois m'entraîner encore un peu.
Je ne sais pas encore le faire, mais je vais apprendre.

Épreuve DELF Prim A1.1

Compréhension de l'oral   15 minutes

Exercice 1   8 points

   Regarde les dessins. Écoute les petits dialogues et entoure le bon dessin, comme dans l'exemple.

Exemple
Tu entends :
Dialogue 1
– Tu as un animal domestique, Alex ?
– Oui, j'ai un chien et une tortue.
– Vraiment ? Un chien et une tortue ?
– Oui, c'est ça.

Alex a un animal domestique ?

Écoute encore.
Dialogue 1
– Tu as un animal domestique, Alex ?
– Oui, j'ai un chien et une tortue.
– Vraiment ? Un chien et une tortue ?
– Oui, c'est ça.

Alex a un animal domestique ?

Tu entoures le dessin C.

A

B

C

Compréhension de l'oral

Attention, nous commençons ! Écoute bien.

Dialogue 2

A  B  C

Dialogue 3

A  B  C

Dialogue 4

A  B  C

Dialogue 5

A  B  C

Compréhension de l'oral

Exercice 2   8 points

   **Regarde les dessins. Écoute les messages et note le numéro du message sous le dessin correspondant.**

Attention, nous commençons ! Écoute bien.

A

Message n° ____

B

Message n° ____

C

Message n° ____

D

Message n° ____

Exercice 3

Compréhension de l'oral

9 points

  **Regarde les dessins. Écoute les dialogues et entoure les dessins correspondants.**

Attention, nous commençons ! Écoute bien.

Dialogue 1

A  B  C  D

Dialogue 2

A  B  C  D

Dialogue 3

A  B  C  D

cinquante-sept 57

Compréhension des écrits

15 minutes

Exercice 1

4 points

Premier jour d'école : liste des fournitures.

 Entoure les 4 objets qu'Alex doit apporter à l'école.

Exercice 2

6 points

Compréhension des écrits

  Lis le document et réponds aux questions.

SORTIE SCOLAIRE

VISITE À L'AQUARIUM DE LYON

JEUDI 23 MARS

APPORTEZ VOTRE PIQUE-NIQUE !

1  Qu'est-ce qu'on voit à l'aquarium ?

 ☐  ☐  ☐  ☐

2  Que doivent apporter les élèves ?

☐ les livres   ☐ le pique-nique   ☐ le cartable   ☐ la casquette

3  Écris la date de la sortie :

_____

cinquante-neuf

Compréhension des écrits

Exercice 3
15 points

 Tu passes le week-end chez ton ami Pierre.
Lis le programme du week-end.
Relie les instructions aux images qui correspondent.

Programme du week-end

* 8h30 : réveil
* 9h00 : petit-déjeuner
* 10h00 : jeux au parc avec les amis
* 13h00 : déjeuner en famille
* 16h30 : goûter
* 18h00 : cinéma

A

B

C

D

E

F

Production écrite

15 minutes

Exercice 1

7 points

 Regarde les dessins. Thomas est le nouvel élève de la classe. Aide Thomas à compléter sa fiche de présentation.

Prénom : _____
Âge : _____
Classe : _____
Activités préférées :
- _____
- _____

* CE2 Cours élémentaire 2ème année

Production écrite

Exercice 2   8 points

 **Complète la carte postale de Nicole. Remplace les dessins par des mots comme dans l'exemple.**

Salut !

Je suis en vacances à la 🌅 ____mer____ avec ma 👨‍👩‍👧‍👦 _____.

Je suis très contente !

J'❤️ _____ beaucoup 🏊 _____ et jouer au 🏐 _____ avec mes 👧👧👧 _____.

Mais je fais attention au ☀️ _____ et je porte toujours ma 🧢 _____ pour me protéger et mes 🕶️ _____ de _____ !

Et toi, tu es en vacances ?

Au revoir,

Nicole

Isabelle Durand

12, rue Menon

38000 Grenoble

France

Exercice 3

Production écrite

10 points

 Ton ami Félix vient passer les vacances chez toi, à la mer. Observe les images et écris 5 éléments qu'il peut mettre dans sa valise.

Cher _____ ,
Tu viens en vacances chez moi. C'est super !
Mets dans ta valise :
- _____
- _____
- _____
- _____
- _____

À bientôt
_____

soixante-trois

Mon glossaire

Unité 1 * Les salutations

Salut

Bonjour

Bonne journée

Bonsoir

Bonne nuit

Au revoir

Unité 1 * Comment ça va?

Ça va !

Ça va très bien !

Super !

Comme ci, comme ça...

Ça ne va pas...

Ça va très mal...

Mon glossaire

Unité 2 * Les membres de la famille

le grand-père (papy)  les grands-parents  la grand-mère (mamie)

le père (papa)  les parents  la mère (maman)

 le frère

moi

 la sœur

Unité 2 * Les animaux

 le furet

 le hamster

 le poisson rouge

 le chien

 le chat

 la tortue

 l'âne

 le singe

soixante-cinq

Mon glossaire

Unité 3 * Les couleurs

| blanc | bleu | gris | jaune | marron | noir |

| orange | rose | rouge | vert | violet |

Unité 3 * Le matériel scolaire

| la colle | la gomme | la règle | la trousse |

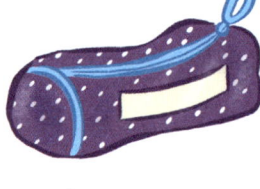

 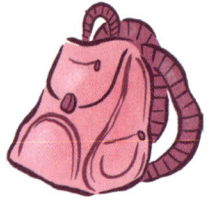  

| le cahier | le cartable | le crayon | le feutre |

| le livre | le stylo | le taille-crayon | les ciseaux |

Mon glossaire

Unité 3 * La salle de classe

- l'ordinateur
- l'horloge
- le tableau
- la carte
- la craie
- la porte
- la fenêtre
- la poubelle
- la table
- le bureau
- la chaise

Unité 4 * Les mois

Janvier	Février	Mars	Avril
Mai	Juin	Juillet	Août
Septembre	Octobre	Novembre	Décembre

soixante-sept

Mon glossaire

Unité 4 * Les saisons

l'automne   l'hiver   le printemps   l'été

Unité 4 * La fête d'anniversaire

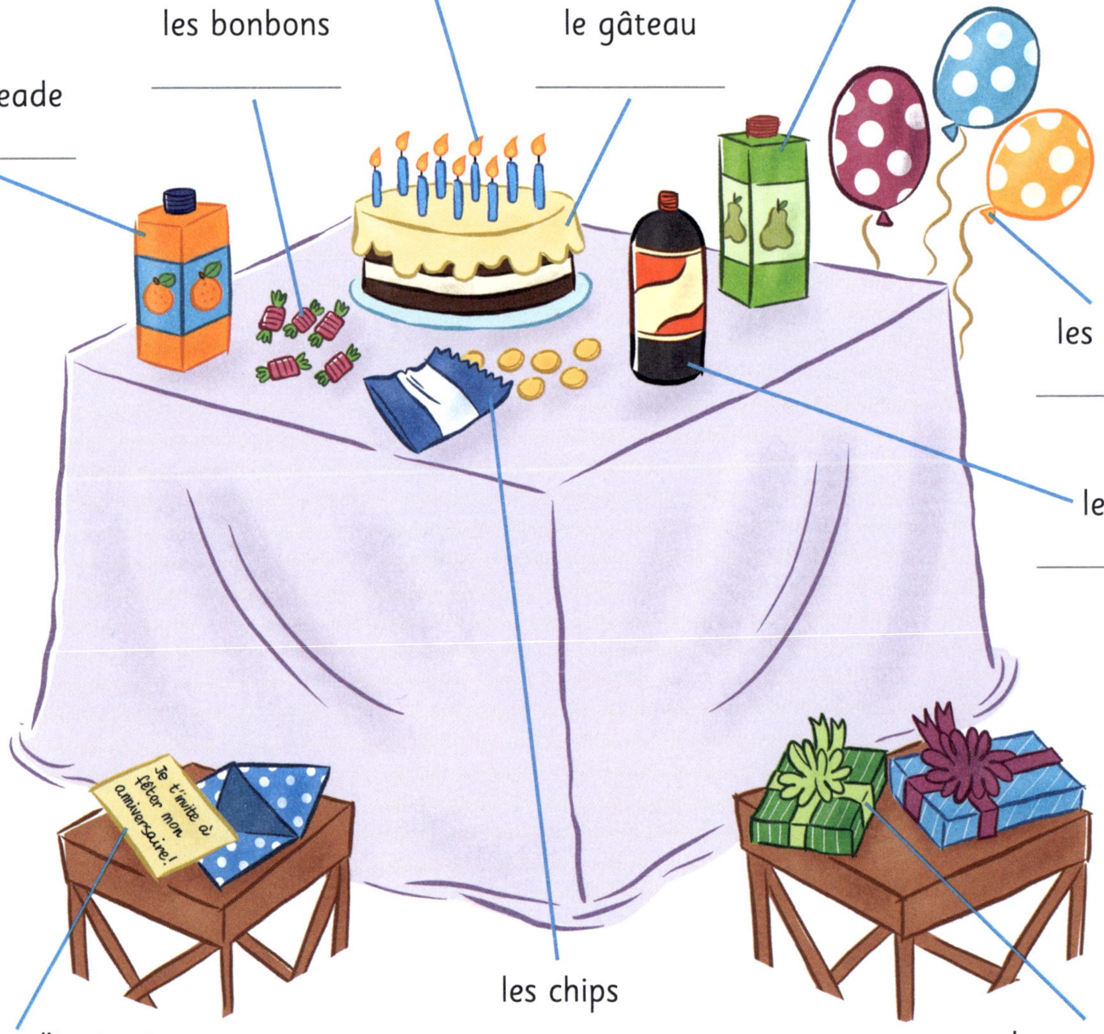

- le jus de fruits
- les bougies
- les bonbons
- le gâteau
- l'orangeade
- les ballons
- le coca
- les chips
- la carte d'invitation
- les cadeaux

Unité 5 * Les matières scolaires

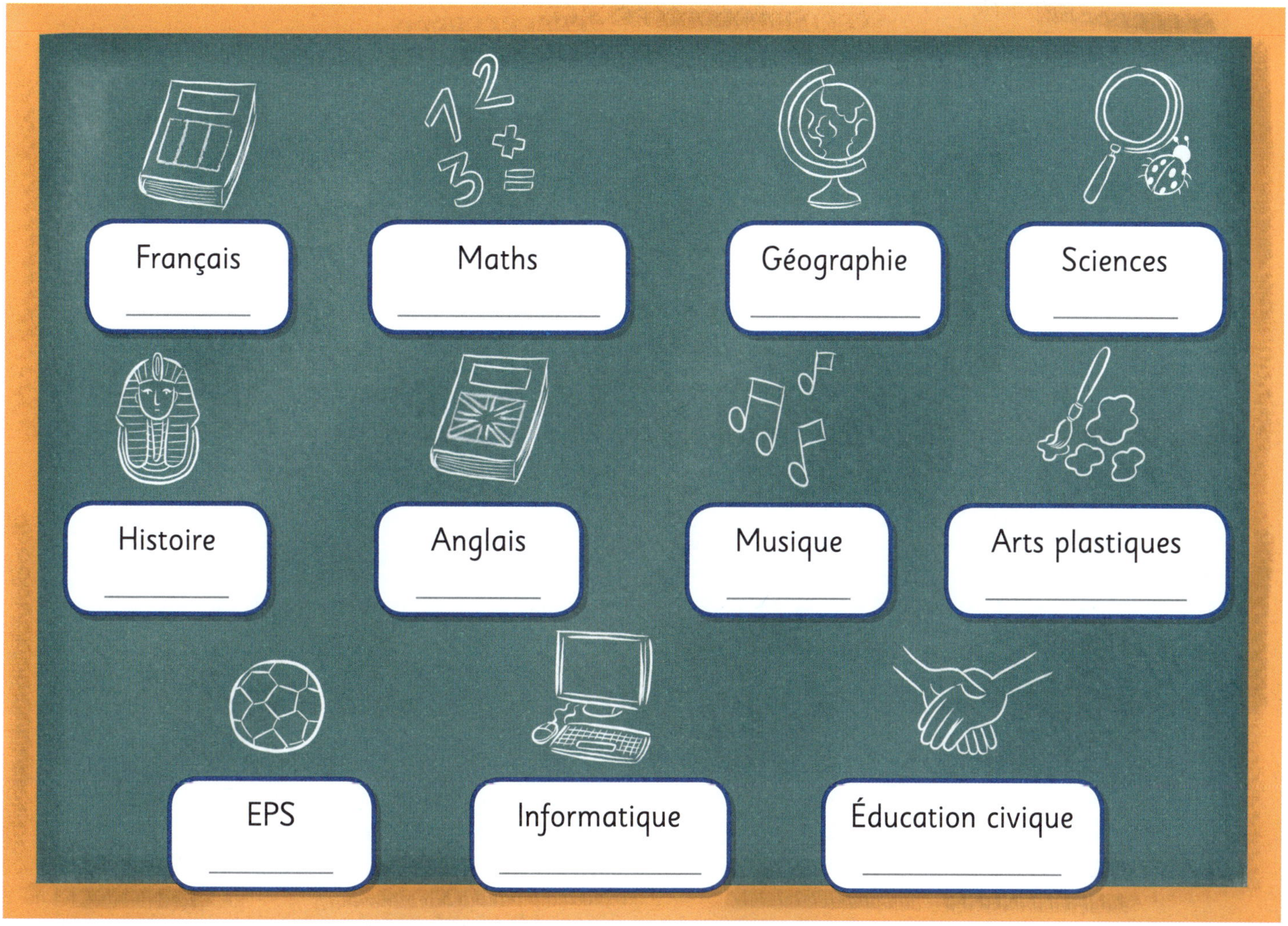

Mon glossaire

- Français
- Maths
- Géographie
- Sciences
- Histoire
- Anglais
- Musique
- Arts plastiques
- EPS
- Informatique
- Éducation civique

Unité 5 * Les jours de la semaine

- lundi
- mardi
- mercredi
- jeudi
- vendredi
- samedi
- dimanche

soixante-neuf

Mon glossaire

Unité 5 * Les moments de la journée

| le matin | midi | l'après-midi | le soir | la nuit |

Unité 5 * La routine

je me lève — je prends mon petit-déjeuner — je vais à l'école

je déjeune — je fais mes devoirs

je joue avec mes amis — je dîne — je vais me coucher

Mon glossaire

Unité 5 * Emploi du temps

étudier le Français   faire du sport   jouer au parc   regarder la télé

Unité 6 * La météo

il fait beau   il fait chaud   il fait froid   il fait mauvais

la neige   la pluie   le brouillard

le nuage   le soleil   le vent

soixante et onze

Mon glossaire

Unité 6 * En vacances

 la montagne
 la mer
 le lac
 la campagne

 l'anorak
 le maillot de bain
 le pull
 le short

 le t-shirt
 la casquette
 les chaussures de marche
 les tongs

 les lunettes de soleil
 l'appareil photo
 la crème solaire

 la gourde
 la tente
 la valise

 lire
 visiter une ville
 se promener

 nager
 jouer au ballon
 dormir